J'appr
à li
avec Sami

Les groseilles

Emmanuelle Massonaud

L'OISEAU
SIFFLEUR
DES LIVRES ET
DU PAPIER
7 Grande Rue - Valence
www.loiseausiffleur.fr

hachette
EDUCATION

Avec Sami et Julie, lire est un plaisir !

Avant de lire l'histoire

- Parlez ensemble du titre et de l'illustration en couverture, afin de préparer la compréhension globale de l'histoire.
- Vous pouvez dans un premier temps lire l'histoire en entier à votre enfant, pour qu'ensuite il la lise seul.
- Si besoin, proposez les activités de préparation à la lecture pages 4 et 5. Elles permettront de déchiffrer les mots les plus difficiles.

Après avoir lu l'histoire

- Parlez ensemble de l'histoire en posant les questions de la page 30 : « As-tu bien compris l'histoire ? »
- Vous pouvez aussi parler ensemble de ses réactions, de son avis, en vous appuyant sur les questions de la page 31 : « Et toi, qu'en penses-tu ? »

Bonne lecture !

Couverture : Mélissa Chalot
Maquette intérieure : Mélissa Chalot
Mise en page : Typo-Virgule
Illustrations : Thérèse Bonté
Édition : Laurence Lesbre
Relecture ortho-typo : Emmanuelle Mary

ISBN : 978-2-01-270621-7
© Hachette Livre 2015.

Achevé d'imprimer en Espagne par UNIGRAF
Dépôt légal : Décembre 2014 - Édition: 01 - 29/8895/3

Les personnages de l'histoire

Mamie

Tobi

Sami

Julie

Pour préparer la lecture

1 Montre le dessin quand tu entends le son (eill) comme dans gros<u>eille</u>.

2 Montre le dessin quand tu entends le son (ill) comme dans jonqu<u>ille</u>.

3 Lis ces syllabes.

eille	ille	aille	euille	ouille

peau	vieu	tion	œil	cieu	reille

4 Lis ces mots outils.

avec   son   **des**   pas   il y a

c'est   mon   d'ailleurs   une   cette

5 Lis les mots de l'histoire.

jonquille   paille   groseilles

abeille   oseille   oreille

Avec son chapeau de paille
et sa robe couleur jonquille,
Julie cueille des groseilles.

– Sami,

tu pourrais m'aider un peu !

dit Julie.

– Pas question, répond Sami,

je vais me faire piquer

par une abeille !

– Tu vois bien

qu'il n'y a pas d'abeille.

– Ouille,

il y a des orties,

c'est pareil !

– Mon œil,

ce sont des feuilles d'oseille.

– D'ailleurs,

je déteste les groseilles,

les fraises c'est bien meilleur.

– Si tu ne veux pas m'aider,

fiche le camp,

tu me casses les oreilles.

Et Sami part

sur son vieux vélo rouillé.

Arrivé à la maison,

Sami demande une tartine

à Mamie.

– Miam, cette confiture
est délicieuse, Mamie !

– Oh oui mon chéri,

c'est de la confiture

de groseilles !

1 Qu'est-ce que ça veut dire « une robe couleur jonquille » ?

2 Pourquoi Sami ne veut pas cueillir des groseilles avec sa sœur ?

3 Sami dit qu'il préfère les fraises ou les groseilles ?

4 Que prend Sami pour le goûter ?

5 À la fin de l'histoire est-ce que Sami aime la confiture de groseilles ?

Et toi, qu'en penses-tu ?

Tu as déjà cueilli des fruits ?

Est-ce que tu les as mangés ?

De quoi a besoin une plante pour bien grandir ?

Et toi, quelle est ta confiture préférée ?

À ton avis, est-ce qu'on peut tout cueillir ?

Lire pas à pas

avec **Sami** et **Julie**

Début de CP

Niveau 1

a e i o u y é/è/ê
b d f l m n p r s t v
et/est un/une

Milieu de CP

Niveau 2

c/k ch h ph z/s=z ce/ci
ou/on an/en oi/oin in ei/ai
eu/œu pr/br/tr/dr/cr/gr/fr/vr
pl/bl/cl/gl/fl/vl
les/des/mes/tes/ses ils/elles
g/j ge/gi gn gu
er/ier/ez/et

Fin de CP

Niveau 3

ef/er/ec/ep/el/es
ill/aill/eill/euill/ouill x y w
elle/erre/esse/ette/enne sp/st/sc
ion/ien au/eau ain/ein ti=si